AF607290

POETA EN MILÁN

JORGE EDUARDO EIELSON

POETA EN MILÁN

Edición de Martha L. Canfield

VISOR LIBROS

VOLUMEN MCCXXIX DE LA COLECCIÓN VISOR DE POESÍA

Cubierta: Jorge Eduardo Eielson. *Nodo con sangue tela bianca e rossa,* 2002

Isaac Peral, 18 - 28015 Madrid
www.visor-libros.com

ISBN: 978-84-9895-579-8
Depósito Legal: M-10615-2024

Impreso en España - Printed in Spain
Gráficas Muriel. C/ Investigación, n.º 9. P. I. Los Olivos - 28906 Getafe (Madrid)

LO ABSOLUTO EN EL AMOR Y EN EL VIVIR

Jorge Eduardo Eielson (Lima, 1924-Milán, 2006), poeta y artista plástico, ya es un nombre legendario en el Perú: ha suscitado una verdadera devoción en sus innumerables lectores y desde hace muchos años se ha creado una escuela de admiradores y discípulos a nivel internacional. Hoy en día, estando cerca el centenario de su nacimiento, se están multiplicando las exposiciones de su obra artística y la publicación de sus obras literarias en lengua original y en numerosas traducciones[1].

Como escritor y como artista Eielson sorprende por la extraordinaria vivacidad de sus creaciones y por la constante renovación de su estilo. Sin duda en él conviven dos espíritus: uno inquieto, inasible, fugitivo, que confía al lenguaje escrito su vocación proteiforme; y el otro sereno, vibrante, iluminado, que usa las formas plásticas para proyectar la

---

[1] *Jorge Eielson y el antiguo Perú*, Biblioteca de Humanidades de la Universidad de Florencia, 8-11-22/2-12-22, inaugurada por el Premio Nobel Mario Vargas Llosa; *El nudo vertical*, retrospectiva, Es Baluard Museu de Palma de Mallorca, 28-10-22/23-4-23; *El nudo vertical*, TEA Espacio de las Artes, Tenerife, 30-6-23/10-09-23; *Maria Lai e Jorge Eielson. 100mila stelle*, Museo de Arte, Nuoro-Cerdeña, 14-7-23/17-10-23; *Testamento en Milán*, Consulado del Perú, Milán, 3-11-23/30-11-23. Otras exposiciones se están ya preparando en Londres, Madrid y Florencia, además de nuevas ediciones de sus obras literarias en México, Estados Unidos y Francia.

inefable convergencia de todas las cosas en un centro trascendente y personal. Tal vez estos dos espíritus dependen de las dos culturas que lo han formado: la europea, que siente y asimila la tentación experimental, después de haber asimilado la experiencia de las segundas vanguardias; y la oriental, que él ha conocido, estudiado y practicado mediante el budismo zen, en especial a través de las enseñanzas de su maestro Taisen Deshimaru. Allí ha podido encontrar además una relación armónica con ciertas tradiciones precolombinas del Perú, con las grandes y enigmáticas obras de las distintas culturas anteriores al Imperio Inca.

El libro que aquí presentamos recoge los tres últimos poemarios escritos por Eielson entre 1990 y 2004 y publicados respectivamente en el 2000, 2001 y 2005: *Sin título*, *Celebración*, *Del absoluto amor*. Estos poemarios representan intensamente la poética desarrollada por él en sus últimos años de vida en Milán. Dejando de lado el lenguaje experimental y lúdico que había empleado antes, aquí propone una poesía más directa y celebrativa que da preponderancia a los temas de la amistad y del amor. Desarrolla asimismo esa mística muy personal donde su raíz cristiana se asocia al budismo zen, acompañada de la exaltación del arte, el humorismo y una humildad que lo lleva a verse como un «payaso» que regala su corazón a los demás.

SIN TÍTULO

A pesar de que durante toda su vida hasta comienzos del 2000, Eielson mantuvo separados los dos lenguajes creativos, el de las artes visuales y el de la «poesía escrita», ya en 1998, en un convenio sobre su obra artística y literaria, organizado en el King's College de Londres por William Rowe, fue presentado un folleto con una serie de brevísimas composiciones poéticas sobre el tema del nudo, traducidas en inglés por el mismo Rowe y acompañadas por un dibujo ilustrativo[2]. Más tarde, en el 2002, publicaría una versión ampliada del folleto inglés, con un mayor número de textos y una rica serie de dibujos de nudos, siempre con el título *Nudos*[3].

Pero donde la conjunción entre poesía y arte visual es más sorprendente, y sin duda provocadora, es justamente en el libro *Sin título*. En la edición original, publicada en el año 2000 por la editorial Pre-Textos, Eielson no quiso darle un título con palabras sino con una imagen, reproducción de uno de sus nudos, tallado en madera y acrílico, *Nudo*, de 1985. La carátula del libro presenta en efecto esta imagen en colores sin nada escrito. Luego, considerando que no se podía citar ni catalogar un libro intitulado únicamente con una imagen, se resignó a introducir un título en el frontispicio y así el libro se llamó *Sin título*. Además, en armonía con la ausencia de título general, decidió no titular los poemas, sino evidenciar tipográficamente el primer verso, en el lugar del título, dándole así una doble función. En fin, recurriendo a normas clásicas y en general abandonadas en la poesía contemporánea, decidió dar a

[2] Jorge Eduardo Eielson, *Nudos*, Difusión / For Diffusion N. 3, Centre for Latin American Cultural Studies, London, 1997.

[3] Jorge Eduardo Eielson, *Nudos*, Colección «Péñola blanca», Fundación César Manrique, Lanzarote, 2002.

los poemas alineación centrada y empezar con mayúscula todos los versos, independientemente de la puntuación.

Más allá de estas consideraciones formales y estas originales elecciones del autor, el lector podrá apreciar en estos versos una visión luminosa de la existencia y un reconocimiento de la maravilla del vivir, que se revela en los actos más simples como beber un vaso de agua. Y de esos gestos emerge a la vez la conjunción con la dimensión trascendente o, en otras palabras, divina, como se manifiesta en el último poema: «Sonríe Dios en la pantalla / del cielo [...] / Y yo también sonrío».

CELEBRACIÓN

El segundo poemario, *Celebración*, contiene cinco poemas. El primero de ellos está dedicado al saxofonista y compositor de jazz Charlie Parker, apodado *Bird*. El yo poético se dirige a un «tú» que puede ser cada uno de nosotros, o simplemente el prójimo, al cual el poeta quiere dar una respuesta de consuelo para los momentos de desconcierto, desilusión, soledad (cuando suceda, por ejemplo, que se derrame «amor a manos llenas / Sin que nadie lo reciba»). Entonces, nos dice el poeta, surgirá «Un saxofón que no te da tregua» y ese, acompañado por toda la veneración de Nueva York, será el saxofón de Bird, cuya música sabrá despertar al universo y así la soledad inicial se llenará de un profundo sentido, porque la música «es la medida / La suma total de cuanto existe». Esa música de impactante revelación llegará además acompañada por los sonidos de los instrumentos de los compañeros de Bird —Bud Powell, Dizzy Gillespie, Max Roach, mencionados afectuosamente solo con los nombres— para confirmar que el ciclo de la vida y de la muerte no tiene fin y que aunque «la vida / Es solo harina pan para el gusano», ella renace siempre, a lo mejor a partir de un grito de dolor en el cual se habrá de repetir inevitablemente el grito de Charlie Parker, porque «su grito es tu propio grito». En esta conclusión queda implícita, aunque no especificada por el autor, una de sus convicciones básicas: la creación —artística, poética o musical que sea— tiene origen en un individuo pero se vuelve patrimonio de todos y así se envía y se reenvía y se sigue recibiendo sin cesar en el tiempo infinito.

El segundo poema se llama «Vincent», habla de Van Gogh y está dedicado al hermano Theo. Eielson amaba especialmente la obra y la persona trágica y marcada por el dolor que fue Van Gogh. De hecho no pocas veces podemos encontrar en su obra la famosa «silla amarilla» del cuadro de la habitación de Vincent en Arles, y ello ocurre tanto en su obra artística, en pinturas e instalaciones, como en su poesía. Pero también Theo, que creyó en la obra de su hermano y lo ayudó de todas formas, incluso económicamente, debía figurar entre las personas reconocidas, amadas y celebradas por Eielson. En el texto dedicado a ellos surge claramente la luminosidad del arte de Van Gogh, más allá del misterio que rodea su vida, en contraste con la oscuridad que nos rodea a todos nosotros. Para Eielson su extraordinaria creación pictórica se levanta al nivel de la creación original y divina y llega incluso a confundirse con ella: «Pero desde entonces / La noche estrellada / No es obra de Dios sino de Vincent».

El tercer poema, «Nazca», está dedicado a Maria Reiche, matemática, arqueóloga y traductora alemana naturalizada peruana, nacida en Dresde en 1903 y fallecida en Lima en 1998. Famosa por sus investigaciones sobre las líneas de Nazca, geoglifos trazados en el desierto de Nazca por la homónima civilización preincaica, Maria Reiche era llamada la «Señora de las Líneas». Conociendo la pasión de Eielson por las culturas precolombinas del Perú, a las cuales se sentía intensamente vinculado, resulta natural esta relación de reconocimiento, admiración y afecto por la «Señora de las Líneas» y por lo tanto su «celebración».

El cuarto poema, «Sobre la luz», está dedicado a una serie de amigos íntimos de Eielson, con los cuales ha compartido tiempo, afecto y asimismo pasiones intelectuales y trabajos. También aquí los cita solamente con los nombres, sin los apellidos: «Maria, Eva, Marigola, Julio, Luciano, Lorraine, Aliocha, Placido, amigos», pero no es difícil reconocerlos.

Maria es Maria Lai (1919-2013), artista sarda muy reconocida en Italia y a nivel internacional, que conoció a Eielson en Roma, en los primeros años 50, y de allí nació una amistad que duró toda la vida, alimentada por una gran afinidad en las investigaciones estéticas. Las tensiones y los nudos eielsonianos se encuentran en perfecta armonía con los signos-dibujos de Maria, que en determinado momento ella empezó a conjugar con marañas de hilos y cuerdas de telar. Del mismo modo las instalaciones y performance de Jorge —que a menudo comprometían un barrio entero o un vasto escenario al aire libre, como *Interrupción* en Lima en 1988, o el *Gran Quipus de las Naciones* hecho en el puerto de Munich en 1972— son similares al evento de Arte relacional creado por Maria en Ulassai en 1981. En este evento, intitulado *Legarsi alla montagna* (Atarse a la montaña), todas las casas y las calles de su pueblo fueron atadas con cintas de colores y luego un grupo de escaladores ató las cintas al Monte Gedili, que domina la población; la operación duró tres días y ha sido considerada una de las realizaciones más importantes del arte contemporáneo.

Eva es Eva Stuckman, psicóloga alemana residente en Milán, dotada asimismo para la pintura, que se hizo muy amiga de Jorge, con quien se veía a menudo, compartiendo obras y libros.

Marigola es María Ofelia Cerro, nacida en Montevideo en 1935 y fallecida en Lima en el 2016, periodista y política peruana, que se dedicó a promover el estudio y la valorización del complejo de Chan-Chan, una ciudad precolombina construida en la costa norte del Perú por la nación chimú, la más antigua ciudad en adobe y la más grande en América y en el mundo, declarada patrimonio de la humanidad por la Unesco en 1986. Eielson, como sus parientes y amigos, la llamaba Marigola y durante toda su vida mantuvo el contacto con ella, fascinado por su trabajo e intercambiando con ella proyectos y lecturas.

Julio es seguramente Julio Ortega, escritor y crítico literario peruano, residente en Estados Unidos desde 1969, donde ha sido profesor de Literatura Latinoamericana en la Universidad de Austin-Texas y en Brown University y se ha ocupado repetidas veces de la obra de Eielson, con quien mantuvo incluso un epistolario.

Luciano es Luciano Boi —citado junto con la esposa *Lorraine* y el hijo *Aliocha*—, nacido en Cerdeña pero residente en Francia y profesor de Geometría y Teorización Científica en la École des Hautes Études de París. Luciano y su familia conocieron a Eielson y a Michele Mulas en Bari Sardo, donde ellos transcurrían las vacaciones de verano, y Luciano se dedicó intensamente a estudiar la relación entre arte y ciencia en su obra, en buena medida con la colaboración de Lorraine.

Placido es Placido Deplano, su vecino en Bari Sardo, magnífico artesano y carpintero, a quien tanto Jorge come Michele confiaban la elaboración de telares, marcos y todo lo que podía servir de sostén a sus obras. Placido se volvió en poco tiempo un amigo fraternal y un gran admirador de las obras de ambos, tanto que llegó a conservar en su casa una enorme cantidad de pinturas de los dos, expuestas en el segundo piso de su casa. Cuando en el año 2015 el municipio de Bari Sardo organizó por primera vez una gran exposición retrospectiva de Eielson y Mulas, que más tarde daría lugar a la fundación del Centro Cívico Jorge Eielson y Michele Mulas, Placido Deplano colaboró en todo, proporcionando valiosas obras de ambos.

El quinto y último poema del libro continúa la celebración del mundo sardo: se titula «Gardalis» y está dedicado a «Michele, rey de Gardalis». Sin embargo aquí no se habla de Michele; el yo poético describe un viaje personal, que se puede leer como un recorrido iniciático, según el cual —siguiendo la filosofía taoísta— hay que abandonar el propio camino para seguir el «gran camino», a través del cual finalmente se reconocerá el orden natural y se establecerá una fusión armoniosa con la naturaleza. Eso explica por qué el sujeto poético empieza observando que su cuerpo es «un puñado de hierba a la deriva» y agrega: «Y el bosque azul que me rodea / Soy yo mismo que respiro». Al final la fusión entre lo pequeño (el yo) y lo grande (la naturaleza), entre lo claro y lo oscuro, lo terrestre y lo celeste, el placer y el dolor, el *yin* y el *yang*, se realiza. El sujeto que va siguiendo a un ciervo llega al arroyo y allí recibe la certidumbre de que planta y piedra, agua y aire, animal y ser humano son una sola y única cosa: «en el fondo del agua / [...] Veo solo mis ojos que lloran / Puesto que yo soy el ciervo / Pero también el arroyo».

El poema no habla de Michele, pero no es casual que esté dedicado a él: Eielson estaba convencido de que, como le había asegurado Taisen Deshimaru en uno de sus encuentros en París, Michele había sido su «maestro natural». Él había reconocido espontáneamente el *gran camino* y el *orden natural* y le había enseñado la generosidad, el altruismo, la paciencia, el amor por la naturaleza, que veneraba literalmente, y sobre todo la humildad. La *celebración* más sentida en todo el libro es sin duda la de su amado compañero Michele.

DEL ABSOLUTO AMOR

El tercer poemario es el último escrito por Eielson y fue publicado por él en el año 2005, poco antes de su muerte.

Desde el punto de vista estilístico se asocia a los anteriores, pero hay una diferencia y es la presencia intensa y repetida de Michele, en especial en el poema largo inicial, «Del absoluto amor», que da título a todo el libro. El motivo de esa ausencia fue explicado por el mismo Eielson: Michele, que falleció en diciembre del 2002, no hubiera querido aparecer en la poesía de su amigo y mucho menos ser exaltado y descrito elogiosamente.

El poema fue escrito después de la muerte de Michele y combina dos tiempos evocativos: el de la infancia de Jorge, con la figura de la Abuela en primer plano, y el más reciente de la enfermedad y la muerte de Michele; ambos períodos se alternan con referencias al tiempo presente vivido en una ciudad inhóspita, que es Milán, aunque no se nombre nunca porque podría ser también otra, cualquiera, todas. El ámbito urbano, donde reina el egoísmo y el utilitarismo, se compara con el ámbito rural, donde la armonía entre todas las criaturas es aún posible, sobre todo si se convive con un ser especial, puro, alegre y luminoso como era Michele. Detrás de esta límpida *Weltanschauung* emerge, claro y sencillo, el pensamiento zen.

Desde el punto de vista formal Eielson ha preferido el verso libre, sin puntuación, pero manteniendo (como un capricho de raíz clásica) las mayúsculas al comienzo de todos los versos. Tal vez —mientras todo el poema señala la perfecta unión de Michele con la naturaleza y el total abandono amoroso de ambos a la energía vital y a nada más—, las mayúsculas sugieren la nobleza de esta elección existencial y el valor supremo, *absoluto*, de la figura de Michele y del sentimiento amoroso que los unía, uno con el otro y ambos con la vida: «He aquí la amistad / Pensaba yo / La verdadera amistad / El amor absoluto».

La segunda parte del poemario, titulada *Sin título* como su libro del año 2000, recoge otra larga serie de brevísimas composiciones. Los temas y el tono poético son afines a los dos libros anteriores, pero no falta el juego fonético, como se ve enseguida en el primer poema, «La luz se escribe con l». Aquí las palabras que empiezan con *l* se contraponen a las que empiezan con *t*, sugiriendo cómo la luz y las tinieblas no tienen un origen lógico o por lo menos la mente humana no está en condiciones de descubrirlo; mientras las palabras que empiezan con *a*, como amor y animal, que incluye la criatura humana, remiten siempre «desde el alba del lenguaje» al paraíso original, que el poeta define como «jardín lujurioso».

Detrás de estas irreverencias y este rechazo de los lugares comunes, que se difunden también a través de conceptos declaradamente racionales, el lector empieza a percibir una visión distinta del universo, insólita y confortante, en la cual las criaturas humanas y los animales tienen una raíz única y maravillosa, en la que se confirma el milagro de la creación.

Pero hay otros textos que enfrentan abiertamente temas que antes estaban censurados por el pudor, como el amor físico y la sensualidad (v. «Nadie había entrado ni salido»), o que descubren por primera vez historias fundamentales de su vida y de su familia.

El primero de estos temas tabú es la relación con su madre. Solamente al final de su vida, Eielson descubrió que su padre no había muerto, como le habían dicho, sino que lo había abandonado y había regresado a los Estados Unidos donde se había hecho otra familia; y por milagrosas coincidencias pudo conocer a su hermana Olivia Eielson, artista plástica y escritora como él. Fue solo entonces que se atrevió a hablar de este aspecto dramático de su historia. En las numerosas conversaciones que tuvimos, muchas grabadas, no todas publicadas, él quiso contarme cuánto había sido doloroso para él creer que su padre hubiera muerto, después de lo cual su madre no quiso criarlo y lo dio en adopción a una familia, donde encontró dos hermanas de las que habla a menudo y un hermano muerto muy precozmente. Su madre, me contó, iba a verlo una vez por mes, se sentaba a charlar con él de distintos temas y luego se iba; y eso era todo. Proyección de este recuerdo es sin duda la poesía «Vivo en una casa completamente vacía», donde se refiere a su madre que «de vez en cuando [lo] visita» y de la cual no logra recibir un gesto de cariño: «Yo le robo una mirada / Un alfiler / Una caricia. Cuando se va / Me deja el rayo atroz / De su sortija / En lugar de su sonrisa».

El segundo tema tabú es el de Michele: la profunda amistad que los unía y que para Jorge era un sentimiento de *amor absoluto*, la inesperada enfermedad que en pocos meses se lo llevó y el dolor de su ausencia. En la poesía «Observo tu rostro a la luz» se confirma hasta qué punto la presencia física de Michele fuera iluminante, llegando a volver inútiles las luces circundantes. En cambio en «Me despierto llorando me arrodillo» encontramos una declaración de cuánto era dolorosa para Eielson la ausencia de Michele y cómo el único consuelo podía venir, gracias a la fe, de la certidumbre de que él se encontraba en lo alto, rodeado de la maravilla de las estrellas y cuidado por ellas. Pero tal vez la más conmovedora de todas las poesías dedicadas a Michele es aquella en la que Jorge prevé y prepara su propia muerte, después de la cual todo desaparecería menos la afinidad y la cercanía de Michele: «No conoceré el gusano ni la tierra / Sobre mi calavera / Mis cenizas irán directamente / Al cielo así lo espero / (...) / Pero tomando un vaso de vino / Con Michele».

Martha L. Canfield
Florencia, diciembre 2023

SIN TÍTULO
(Milán, 1994-1998)

El ojo con que veo a Dios
es el mismo con el que Dios me ve a mí.

MAESTRO ECKHART

AMO LOS ASTROS LOS AMANECERES

Las aguas amargas
Las anguilas y las algas
Los árboles antiguos y las alimañas
Amo los armarios las agujas
Las habitaciones amplias y sin almohadones
Los ángeles atroces pero arrodillados
Los amores de antes algo amarillentos
Casi siempre absurdos y aterciopelados
Y todas las palabras que empiezan por A
Aunque no digan
Ah

YA TODO SE HACE VELOZMENTE

El rocío
Se fabrica en un minuto
La mirada ya no es necesaria
Y en su lugar
Hay una pantalla
Que todo lo sabe. Pero no importa
Todavía quedan las magnolias
Las cosas serán más graves
Cuando desaparezca el dolor
O se vuelva artificial
La soledad

COMO TODA PERSONA EDUCADA

Me lavo la cara y los dientes
Velozmente tomo el desayuno
Con un pie en el automóvil
Y el otro en la almohada
Corro enseguida
Detrás de un resplandor
Regreso a casa
Con la cara asustada
Y un anillo de nada
En la mirada

PARA VIVIR BIEN NO ES SUFICIENTE

Abrir el refrigerador
Y encontrar pollo asado
Y mermelada. Es necesario además
Tener hambre de luz
Y devorar una estrella
Sin tenedor ni cuchillo
Sería bueno también
En estas circunstancias
Ponerse un vestido amarillo
Y darle la mano al vecino
Que no saluda

LA BOCA VERDE LA CARA VIOLETA

El ojo   uno solo
Pero absoluto   la nariz doble
Y la oreja en forma
De paloma. Grita y solloza
El pincel de Picasso
Sagrado payaso
Que se abre las venas
Por un rojo puro   un amarillo vivo
Apenas salido del huevo. Todo
Por una pincelada
Que no sea otra cosa
Que una pincelada

HAY GENTE QUE NO AMA LA GENTE

Porque es diferente
Porque se viste de flores
Y tiene los ojos brillantes
O porque adora un cocodrilo
En lugar de una nevera
O porque todavía alaba el sol
Cuando se eleva y se arrodilla
Cuando baja. Gente llena de amor
A la gente parecida a toda la gente
Cuando en el firmamento
No había una nevera
Sino tan solo
Un cocodrilo

TODOS LOS ÁRBOLES Y LOS PÁJAROS DE CELLE

Saben el nombre de Giuliano
Porque Giuliano habla
Con todos los árboles y los pájaros
De Celle. De vez en cuando
Un ruiseñor visita el laberinto
De Morris otro transporta
La música azul de Melotti
En el pico amarillo. Y cada primavera
En su gran anillo verde
Richard Long celebra
Las bodas de yerba de Pina y Giuliano
Como si fuera siempre
La primera

NO HAY POESÍA HAY SOLAMENTE

Vida. Lo que pasa es que la gente
No sabe que la poesía
Es vida y sobre todo
Que la vida es poesía
Todo eso es viejo se dirá
Pero qué importa. Todo es también
Completamente nuevo
Todo es manzana cuando escribo
Y nada es banana
Si no me da la gana

LOS CABALLOS LLEGARON AL ALBA

La gente se despertó llorando
Y salió desnuda a la calle
Los caballos pasaron delante de ella
Como una llamarada
Sus divinas crines eran humo
Y su relincho centellas. La gente
Se arrodilló ante ellos
Como si hubiera visto pasar
Una estrella y les pidió clemencia
Pero ya era tarde. Todo
Se había vuelto caballo
Es decir destello

UNA BOTELLA DE LECHE ES UNA BOTELLA

De leche y aunque la leche
De niño no es la misma
Que de viejo   la botella de leche
Es la misma. No hay botella
Que no sea de leche ni leche
Que no sea en botella. O no hay botella
Pero tampoco hay leche
O solamente hay botella y la leche
No es de niño ni de viejo
Sino de una muchacha cuyo seno
Es una botella de leche
Que se toma solo de noche
Y en el lecho

DE PRONTO LA CONVERSACIÓN

Se volvió oscura
Ninguno de los dos entendió
Al otro. Desapareció el teléfono
E1 agua y la luz dieron origen
A un antiquísimo follaje
En el que no brillaba el sol
Ni la luna. Nuestra conversación
Llegó a ser tan oscura
Que se convirtió en un pantano
Y nosotros dos
En gusanos

CAMINANDO POR LAS CALLES DE MILÁN

Se ven solo animales
Bien vestidos. Ellas parecen faisanes
Con el cuello de jirafa
Y las piernas de pantera. Ellos
Manejan un tiburón
En lugar de un automóvil
Todos se mueven con gracia
Para desgracia de todos y todos
Tienen cabellos de oro y teléfonos
De seda. Solo les falta la luna
Para tenerlo todo
Pero también la mirada

APOYE SUAVEMENTE LA CABEZA

En una almohada
Sonría un minuto solamente
Imagine que no existen
El bien ni el mal
Y verá que de inmediato
Su pensamiento y su esqueleto
Se volverán de cristal

QUIZÁS EL UNIVERSO

Es una pompa de jabón quizás
Es solamente espuma
Una esponja siempre vacía
Y siempre llena. Quizás
Lo que llamamos luz
Es la sombra de Dios
Y lo que llamamos Dios
Somos nosotros mismos
Que también somos espuma
Pompa de jabón   esponja
Siempre llena
Y siempre vacía

LOS LIBROS QUE PREFIERO NO SON DE PAPEL

Sino de yerba   de madera
De alabastro   de misteriosas materias
Que quizás no existen
Antiguos libros de piedra
Grabados por la sangre y el sollozo
Escritos por la lluvia
Y por los siglos que ya nadie lee
Ni conoce. Pero mi libro predilecto
No es de cristal ni de hulla
Sino de carne y hueso   tiene páginas
De seda   como tus mejillas
Y es sagrado

CANTO LA BELLEZA DE MI CAFETERA USADA

Verdadera clepsidra
En la que mi tiempo se acaba
Gracias a ella aprendí
La amargura y el azúcar de la vida
Gracias a ella encontré
El sol posado en mi cuchara
Y todo el firmamento encendido
Por la indescriptible fragancia
De mi cafetera

HAY UNA ESTATUA EN FLORENCIA

Que nadie conoce
Pero que me ofrece
Todo el mármol de su cuerpo
Y su sonrisa cansada
Yo la abrazo con ternura
Y ella me dice al oído
Que yo también soy la estatua
De un artista desconocido
Y que además respiro

TODO ES PARÍS PARA MÍ

Y Roma es también Nueva York
O Lima. En todas partes respiro
Me pongo un pantalón y sonrío
En todas partes me levanto
Y me acuesto mirando las estrellas
Aunque no haya ninguna de ellas
Mi nombre es Jorge y soy el mismo
Mozalbete que leía Rimbaud
Y Mallarmé llorando como un niño
Todos mis sueños y mis heces
Son las mismas en París   Roma
Nueva York o Lima

NO ME ES POSIBLE ESCRIBIR

Sin recordar
Por lo menos tu nariz   padre César
No me es posible enterrar tu perfil
En una rima y nada más. El fulgor
Que pone en marcha mi esqueleto
Y tiñe mi sangre de rojo
No viene de las estrellas
Sino de ti   padre César
Tú que ayunabas noche y día
En este mundo pero te nutrías
De universo ¿cómo hiciste
Para convertir tu sollozo
En pan de todos   tu desesperación
En agua pura?

TODOS LOS OBJETOS DEL MUNDO

Son horribles pajarracos
Que me acechan por doquier
En forma de zapatos   llantas
Platos rotos   bicicletas
Botellas y teléfonos sin fin
Todos los objetos del mundo
Me devoran los dos ojos
Los intestinos   las orejas
Y hasta mi soledad y mi camisa
Horrendamente convertidas
En una comida

NO SE TRATA DE JUGAR TRANQUILAMENTE

Con el pene o la vagina
Como si fueran pájaros o peces
No es suficiente penetrar
En el fondo de otro cuerpo
Con el glande o la mirada
Nuestra sangre y nuestros huesos
Son tinieblas que se juntan casualmente
Y eso es todo. Mas el amor verdadero
Es un gigante de oro
Que no tiene pene ni vagina
Y que tampoco muere

INMEDIATAMENTE DESPUÉS DE HABER LEÍDO

Estas palabras
Cierre puertas y ventanas
No parpadee demasiado
No asuste la temblorosa
Mariposa amarilla
Posada en una silla
Tire la cadena del water
Y deje correr la vida
Como si nada hubiera pasado
Responda al teléfono enseguida
Hable de cosas tontas y sabidas
Cuelgue el teléfono otra vez
Pero considerando ahora
Que el mundo entero es solo
Esta misteriosa mariposa amarilla
Posada en una silla

SI TODO LO QUE SE ANUDA

Se anuda solamente
Todo se vuelve nada
Si se anuda un zapato
Se anuda también el pie
Y el zapato se vuelve todo
Si no se anuda nada no hay nudo
Ni pie ni nada y en lugar de todo
Hay de nuevo un zapato   cuya medida
Es un número nulo que nos anuda a la nada
Y nuevamente
Al zapato

YO QUE SOY UN PAYASO

Sin oficio y sin calzado
Yo que todavía
Guardo mi vieja luna
Y mis luceros de hojalata
En el armario. Yo que todavía
Me lleno de cascabeles y rocío
Que no vendo mi corazón
A ningún precio   sé solamente
Que todo el cielo es mío
Porque soy un payaso
Enamorado y porque soy niño
Todavía

BRILLANTE Y TRANSPARENTE MAESTRO

Fue mi mar. Nadando
En sus aguas saladas corriendo
Sus altas olas aprendí a vivir
Sobre la tierra. A comprender
Que el silencio puede ser todo
A leer en las estrellas claramente
A no confundir el agua con la espuma
Ni la espuma con la vida
Solo nadando pero también llorando
Descubrí la sal que nos unía
Y el pescado azul de nuestro origen
Completamente solo
Con las olas

CONTEMPLO LA BASURA

Y veo una rosa
Pero no una rosa en la basura
Sino la basura convertida en una rosa
Observo una rosa y veo la basura
Que alimenta su belleza
A través de su corola y sus raíces
Así la rosa y la basura
Son la misma cosa
Porque hoy día son basura
Y mañana rosa

NACEMOS DESNUDOS COMPLETAMENTE SOLOS

Y ensangrentados. Lloramos
Porque sabemos que somos gusanos
Vemos crecer nuestros huesos
Y nuestros sollozos
Como si fueran maleza. Nos consideramos
Pájaros a veces   a veces ceniza
Y todo eso velozmente
En un miserable minuto   antes
De cerrar los ojos nuevamente
Como si nada hubiera pasado
Y regresar a la tiniebla
Y al gusano

HOY QUISIERA HABLAR DE MI CONCIERTO

De trapos   de mi saxofón
De terciopelo azul   de mi clarinete
Que sube y baja como el sol
Hasta alcanzar la divina incandescencia
Del tambor y la trompeta. Hay además
Un piano de fieltro violeta
Cuyas notas cubren la orquesta
Como la marea. Así la música
No se oye   el silencio se dibuja
En la retina   y el ritmo
El ritmo   el ritmo
Es siempre atroz y soberano
Como el océano

CUBRO TU CUERPO

Con una sábana blanca
Sobre un lecho sombrío
Y el único fulgor que veo
Debajo de ella es tu hermosura
Cubro también la luna   cubro todo
Con una sábana blanca
Porque todo es para mí una estatua
Completamente desnuda
Pero escondida

ME SIENTO ANTE MI MESA SERVIDA

Levanto una cuchara
Sobre mi plato que humea
Pero no es mi mano que se mueve
Ni mi pensamiento ni mi plato
Ni tampoco mi esqueleto
Sino todo el firmamento
Que resplandece en mi cuchara
Y me alimenta cada día

TODA MÁQUINA ES INÚTIL

De nada sirve multiplicar
La mirada o retardar
La velocidad del dolor
Desde hace millones de años
No hay estrella que acelere
Su esplendor ni tortuga que desee
La rapidez del halcón
La lentitud también
Es una máquina celeste
Que se mueve entre nosotros
Y que no supera nunca
La velocidad
Del amor

ES POSIBLE QUE LA SOMBRA

Sea un animal que nos protege
Del exceso de luz. O que tal vez
La verdadera sombra
Sea un ciervo
Y que la única cosa
Que nos acompaña en la vida
Sea su sombra

VEO LAS LÍNEAS DE NAZCA

En la palma de mi mano veo
La cola del mono en mi cerebro
Y muchas otras líneas
Que atraviesan mi pupila
Mi corazón y mis sentidos
Y terminan en el suelo
En radiantes espirales
Como si brillaran
Como si copiaran
Las del cielo

ADORO TUS PIERNAS DESNUDAS

Adoro todo lo que nace
Y lo que muere entre ellas
Hay un manantial de aguas sagradas
En su centro   una mariposa
Púrpura y templada
Que llamamos vida. Adoro
Tus muslos cuando orinas
Tus rodillas altas en el día
Y plegadas en la noche
Con olor a yerba
A tierra mojada
Y a caballo

MI CORAZÓN ES UN GORRO ESCARLATA

Y doloroso
Que a veces llevo en la cabeza
Otras en el trasero
Tan lleno de cascabeles
Y musarañas
Que me hace sentir un payaso
Cuando no soy ni siquiera
Un hombre cualquiera

TODO LO QUE SABEMOS DE JAVIER

Es que tiene alas
Sabemos que cultiva una magnolia
De nombre Ilia
Y una antiquísima criatura
Llamada poesía. Sabemos que no lleva
Cascabeles ni oriflamas pero usa
Zapatos azules cuando escribe
Lo que no sabemos es
Cuánto fulgor soporta su corazón
De niño sabio y sencillo
Ni cuánto dolor esconde
En el bolsillo

EXCAVO EN MI DORADO PERÚ

Un reino puro y encuentro
Una cuchara. Excavo más
Y sale el rey con toda su joyería
Y la reina mía enterrada
Cuya mirada me estremece
Excavo y excavo todavía
Y es mi osamenta que hallo ahora
Y el trono ensangrentado
Que allí me espera

CUANDO EL SEÑOR PÉREZ SALIÓ DE SU CASA

No encontró su automóvil
Ni la ciudad en que vivía
No encontró sino vidrios
Y un deslumbrante animal
De una belleza indecible
El animal miró al señor Pérez
Y este comprendió enseguida
Que nada de eso era cierto
Aunque la verdad es que nunca más
Abrazó a su esposa ni a sus hijos
No encontró la ciudad en que vivía
Ni su automóvil ni su casa

TOMAR UN VASO DE AGUA ES UNA OPERACIÓN

Luminosa. Es comprender de improviso
La transparencia del aire
Antes de volverse nube
Es cubrirse la cara de lágrimas
Sin renegar la sonrisa
Tomar un vaso de agua
Es vestirse de lluvia y granizo
Y levantando solo un brazo
A la altura de los labios
Convertir el mundo entero
En un vaso de agua

LA GENTE DICE QUE ME HE VUELTO LOCO

Porque no uso corbata
Ni sombrero. O porque me enamoro
Siempre cuando llueve
O hace frío. La gente se ríe
De mi corazón cuando estornudo
Cuando lloro o cuando respiro
Pero la verdad es que la gente
Detesta mi cara de payaso
Asustado. Y sobre todo mi bolsillo
Siempre vacío   y la oscuridad
En que me muevo   entre destello
Y destello

EN EL SOMBRERO DE FIELTRO DE BEUYS

Hay un conejo asustado
Que se llama vida
Hay una flor de margarina
Dos o tres gotas de sangre humana
Y un par de zapatos viejos. Todo
Cuidadosamente cubierto
Por un paño oscuro
E1 resplandor de una bombilla
Para una vez más salvar la vida
De un conejo tibio
Misteriosamente nacido
En un sombrero

GUARDO DE LIMA UNA BOTELLA

Llena de lluvia
Y un puñado de arena
En el pañuelo. A veces recuerdo
La luz de su nublado cielo
Y la acaricio
Como se acaricia una perla
En el bolsillo

LA PAZ DE OCTAVIO

Era esa luz azul
Que llevaba en la solapa
Y que le permitía ver el revés
De las cosas. Gracias a ella
Sabía que en cada criatura
Hay una mariposa
Que comienza en la oruga y se acaba
En el gusano. Dicha mariposa
Vuela ahora entre nosotros
Tiene las alas azules de Octavio
Pero es una mariposa
Que nunca se acaba

AMO LOS OBJETOS Y LAS PERSONAS CLARAS

La redondez de la esfera
Y la perfección de la escuadra
Amo los árboles verdes
Y las manzanas rojas
Mas sin saber por qué
Amo también la sombra
Y mi sombrío corazón tampoco lo sabe
¿Lo sabe quizás la estatua
De esa muchacha que me espera noche y día
Hundida entre mis huesos?

PUEDE SER QUE DIOS SEA UNA ESFERA

Tan grande   pero tan grande
Y a la vez tan pequeña
Que nunca podremos verla
Ni tocarla. Puede ser también
Que no exista cifra alguna
Para medirla   ni palabra
Para nombrarla. Pero entonces
¿Por qué todos los días
Apenas abro los ojos
Veo una esfera amarilla
Que me llena de estupor
Y maravilla?

RESPIRA TÀPIES

Tras el muro
No hay cemento puro
Ni caja de cartón que encierre
Su mirada. No hay ventana abierta
Ni puerta cerrada
Ni firmamento que amenace
Su respiración
Sagrada

LA POESÍA ES PARA MARTHA

Un avión amarillo
Con el que sale volando
A cada instante. Es allí que escribe
Siempre entre las nubes
Versos de carne y hueso
Para David. Pero enseguida
Sin que nadie la vea
Sube y sube todavía
Ya sin avión amarillo
Sin David
Sin lapicero
Sin nada

TODO EL MUNDO SE REPRODUCE Y PERECE

Encima de una cama. Yo vivo feliz
Rodeado de cucarachas y de espuma
Debajo de la cama

HOY ME DESPIDO DE MI PATRIA

Siempre salada y luminosa
Gracias a su pescado
Y a la divina espuma
De mi infancia en el océano
Cruel arena sin embargo
Que no alimenta niños ni animales
Que viven solo de huesos
Y limosnas. Adiós extraña patria
Purgatorio de plateadas olas. Adiós
Pescado azul adiós
Arena atroz

ME GUSTAN LOS PÁJAROS BLANCOS

Me gusta el azúcar la nieve
Y la sal de la vida. Me gustan
Las noches blancas y la blancura
De la luna. Me gusta la leche
Los osos polares y la espuma
Las paredes y las sábanas blancas
Me gusta el color blanco
Y naturalmente el papel blanco
Antes de escribir en él
La palabra blanco

EL SOL DE LONDRES ES COMO WILLIAM

Que parece tan lejano
Y está siempre al alcance
De la mano. Es como el Támesis
Que tranquilamente llega
Del pasado y recorre Brockwell Park
Hasta encontrar la casa
De William. Solo para recordarle
Que en un día neblinoso
Como este   Dios creó la rosa
En Londres

LOS HOMBRES DE NEGOCIOS NO RESPIRAN

No sollozan no conocen
Las magnolias. A duras penas orinan
Y defecan cuando pueden. Tampoco
Aman ninguno y ninguno
Los ama. No hay animales más veloces
Ni más cercanos a la muerte
Que estos seres vacíos
No hay cosa que no deseen
Ni que les sea negada   mas a su contacto
Todo se vuelve nada
Los hombres de negocios
Son tan veloces y tan necios
Que no conocen
El ocio

HAGA PEDACITOS ESTA HOJA DE PAPEL

Y arrójelos por la ventana
Junto con sus pesares
Sus calcetines y sus uñas
Alguien los recibirá en el suelo
Como quien recibe
Una lluvia del cielo

TODOS DICEN QUE LA REALIDAD

Es un cubo negro. Pero tal vez
Somos nosotros que no vemos
No sabemos qué cosa es
La realidad y la confundimos
Con un cubo negro

A PESAR DE TODO LO VIVIDO

Y lo soñado   mi única corona
Es mi pobreza
Y mi sangre púrpura y cansada
Mi único manto en la vida
Eterno príncipe de nada
Nada me vuelve más feliz
Ni más ligero
Que mi corona

SÉ PERFECTAMENTE QUE MI CASA

Es una estrella
Que se llama vida
Y que esa estrella es la tierra
Y que después tendré otra casa
En otra estrella
Llamada muerte

DESPUÉS DE TODO LO QUE HE VISTO

En la vida sigo creyendo
Que no hay nada más sencillo
Ni más bello
Que una botella de vino
Cuando llueve
Y no nos queda sino el fuego
Por amigo

VEO UNA ESFERA AMARILLA

Pero cuadrada   que apenas brilla
Y ya no es nada. Veo millares
De esferas amarillas
Que no son cuadradas
Y que tampoco brillan

SONRÍE DIOS EN LA PANTALLA

Del cielo. Veo su semblante
Hecho de rayas y puntos
Luminosos. Pero no estoy seguro
Si es el suyo o es el mío
Apago la televisión
Y yo también sonrío

CELEBRACIÓN
(Milán, 1990-1992)

A UN PÁJARO DE NOMBRE CHARLIE

A todos aquellos que, como yo,
Aman el jazz y las estrellas

Si alguna vez confundes
Tu corazón con tu sexo y tu sexo
Con un saxofón que llora
En una calle oscura
O si derramas amor a manos llenas
Sin que nadie lo reciba
Y asustado como un niño te despiertas
Y ya no hay caricia
Ni desayuno tibio
Ni vestido viejo ni vestido nuevo
Y ni una sola gota de materia
Que te recuerde el universo entero
Sino tan solo
Un saxofón que no te da tregua
Un saxofón que no te da tregua
Es porque Charlie respira
¿Recuerdas cuando tocaba
Round about midnight o *Perdido*
Y toda Nueva York se arrodillaba
Como si hubiera visto a Dios
En traje oscuro y saxofón de fuego?

Y si descubres el rocío
En el Central Park o Washington Square
Después de haber tomado tanto
Porque ya no tienes lágrimas ni saliva
Para besar a nadie
Cuando quisieras besar a todos
Si olvidas todo   huyes de todo   pierdes todo
Pero conservas en quién sabe qué bolsillo
La perla atroz de la belleza y la locura
Si lo que llamas vida es solamente
El vino añejo de un instante
El minuto que desaparece cada día
Por el water-closet y regresa transformado
En un pájaro amarillo
Si el café negro y el whisky puro
Se parecen tanto al cabello rubio
De una muchacha que solloza amargamente
Entre tus brazos. Si tu alma frágil
Y tu cuello de basalo   tu cigarrillo
Igual a un lucero siempre encendido
Tu pantalón y tu camisa
Siempre en la silla   si todo eso
Y muchas otras cosas todavía
Te recuerdan la tristeza y el fulgor
De Harlem bajo la lluvia
Es solamente porque existe
Un saxofón que no te da tregua
Es porque Charlie respira
Porque en sus labios se enciende y se apaga
Una galaxia que nos aniquila

Como un pensamiento o una cifra aciaga
¿Acaso la música no es la medida
La suma total de cuanto existe
Y nuestra propia vida solo el sonido
De una orquesta que se afina noche y día?
¿Recuerdas las manos de Bud en el piano
Volando como pájaros vivos
Sobre cascadas de luz y cristales hirvientes?
¿Y la trompeta de Dizzy en la noche
Que todo lo volvía incandescente
Y hasta el Empire State se derretía
Como si fuera de oro puro?
¿Y cuando Max tocaba la batería?
¿Recuerdas sus manos armadas
De millares y millares de centellas
Que él lanzaba a tus oídos
A tu corazón y a tu ombligo?
(Todo era ritmo entonces
Tambor el cielo entero
Tambor la luna llena
Y todo lo que nos rodeaba
Tambores solamente
Porque de ritmo somos
Y hasta de ritmo
Aunque de falta de ritmo
Morimos. Con nosotros
Nace el ritmo
Que no es tiempo ni sentido
Ni tampoco alborozo
Sino más bien latido

Tambor de piel humana
Que se quema
Huesos que no son huesos
Sino vacío
Infinitas flautas
De oxígeno divino
Que tampoco es nada
Sino ritmo
Luz que rebota
De nota en nota
En nuestro oído
Disfrazada de sonido)
Y si alguna vez
Lejos del caos de nuestro origen
Del insondable gorila que se asoma
Tristemente en tu mirada
Lejos del tiempo y la rutina
De nuestro amor lleno de trapos
De miserables botones   faldas y pantalones
Que se arrugan fácilmente
Si de tanto correr tras de la luna
Bajo cipreses que igualmente corren
Sin darte nunca la mano
No te queda sino el ritmo de las cosas
El resplandor de los objetos
Un tambor en la cabeza
Una botella entre los brazos
Si después de tanto goce y tanto llanto
Tanto inmóvil viaje hacia la nada
El rayo violeta de Saturno

Baña tu cuerpo y tus sábanas sucias
Y ya cercano al fin arrojas
La inútil perla al tacho de basura
O como un perro escondes
Tu viejo saxofón debajo de la cama
Si tus costillas   tu cráneo   tu sonrisa
Tu pasta de dientes con sabor a tierra
Te recuerdan que la vida
Es solo harina pan para el gusano
Si la sublime rosa suelta
Sus últimos protones en lugar de su perfume
O el cubo de la luz se apaga para siempre
Si te parece que no sabes nada
Porque no puedes decir nada
Ni sobre el amor ni sobre el ritmo
Si en vez de la fórmula sagrada
De la imposible nota jamás escuchada
Encuentras solo silencio   oscuridad   entropía
Las calles lluviosas de Harlem
Más lluviosas y frías aún
Si tu cuarto de hotel en penumbra
Se ilumina como un templo cuando miras
Una vieja fotografía de tu madre joven
Extrañamente azul y sin calzado
Y suena y suena en tu pecho cansado
Un saxofón que no te da tregua
Un saxofón que no te da tregua
Si todo eso no es bastante todavía
No te olvides que Charlie es un pájaro herido
Y que su grito es tu propio grito

Cuando abrazas lleno de rabia
Una extraviada muchacha de cabellos rubios
Y te duelen más que nunca las estrellas
En tu pobre corazón de niño
Y en tu glande estremecido

VINCENT

A Theo

Lo único que sabemos de Vincent
Es que nunca dormía
Ni comía ni bebía ni amaba
Y que su vida era un misterio. Sabemos
Que tenía ojos y botines enormes
El estómago vacío y el corazón
En el suelo. Que se pasaba las noches
Mirando y mirando una estrella
Sabemos también
Que para él nada era oscuro
Ni tampoco sencillo
Que su pincel no era un pincel
Sino un pájaro vivo
Que lo llenaba de pavor y de alegría
Pera nada sabemos
De su sexo ni de su pobre frente
Repleta de luz como un diamante
Vincent decimos con amargura
No era como nosotros
Criaturas cubiertas de sombra
Nietos de su esplendor
Que ya no existe. Pero tampoco él

Nos devolvió el fulgor perdido
La santidad de su arte
No nos libró del mal
Ni de los trapos sucios
De la vida. Nos deja solamente
Sollozos cuervos girasoles
Una oreja cortada y una pipa de madera
La destartalada luz de sus zapatos
Nos deja su mirada pura
El cielo brillante de Arles
Y una silla amarilla

No es mucho probablemente
Pero desde entonces
La noche estrellada
No es obra de Dios sino de Vincent

NAZCA

A Maria Reiche

Madre nuestra que estás en la arena
Y en el aire del desierto
Tú que modelas nuestra vida
Y nuestra muerte con la arcilla
Y con el fuego de los siglos
Madre del viento y del Pacífico infinito
Ciudad invisible que quizás no existes
Pero vives en mis células antiguas
Haz que nuestros ojos
Sean cada vez más puros
No nos dejes morir sin haber visto
Aunque sea solo un instante
Tu centelleante dibujo
Entre las dunas amarillas

Cae la tarde y la pampa recoge
Su suntuosa luz de siempre
Ya nada brilla sino las viejas líneas
Que transforman el desierto
En un pensamiento. Ya nada brilla
Sino el trabajo azul de las estrellas
En la tierra. En este océano de tiempo

Que devora el tiempo
Espejos de sal y de espuma
Reflejan plazas templos y mercados
Repletos de gente que todavía llevan
El vestido rojo y el calzado ilusorio
De un instante. Solo el monarca
Arrastra su esplendor solitario
Su manto de mariposas
Y pájaros vivos
Y se inclina ante la arcilla

Lo esperan siglos extraños
Alas de criaturas altísimas
Que desafían el polvo
Y se alimentan solo de números
Maravillosos mecanismos
Para convertir la muerte en una pluma
Y el tiempo en una joya
Lo esperan máquinas celestes
Más veloces que la mente o la mirada
Pero también tinieblas   seres queridos
Completamente cubiertos de aceite
Sacerdotes y rameras abrazados
En la misma cama de ceniza
Jóvenes príncipes con el semblante de oro
Y el estómago podrido
Que también son ceniza
Sus esqueletos hablan ciertamente
De nosotros pero sin palabras
Después de todo

Es solo una muchedumbre
De huesos que murmuran en la sombra
Mientras nos guían velozmente
En astronaves de tela encendida
A las estrellas
Criaturas que desaparecen en la arena
Terrestre pero reaparecen
En la arena del cielo
Espejo fiel de la pampa de abajo
De constelaciones que son pájaros
Monos peces arañas de tamaño imposible
Que nuestros ojos no perciben
Que nuestra frente no concibe
Desmesuradas espirales
Que tal vez encierran
El secreto de la vida
Abismos que son pozos
De brillantes excrementos
De animales que son dioses
Y de dioses que son hombres
Sabios reyes artesanos
Todas personas de perfil solemne
Y como siempre
Repletas de luz y de heces

En este océano de tiempo
En donde todo comienza
Y se acaba y vuelve a comenzar
Y se acaba nuevamente
Quedan solamente huellas

De misteriosos viajeros que atraviesan
Nebulosas y murallas de electrones
En busca de una caricia
Quedan solo residuos   carbones encendidos
De una catástrofe remota. Solo cenizas
De personas y animales sagrados
Y además cuchillos   plumas   túnicas vacías
Escalinatas y pirámides borradas
Por la espuma de los siglos
Mazorcas de maíz amigo
Transformadas en collares
Y coronas de gusanos
Todo dispuesto en círculos inútiles
De misteriosa materia
Que resplandece y que muere

Tal y cual como nosotros
Que jamás sabremos
A quién debemos la noche
La indescriptible belleza
De cada instante y cada cosa
En qué supremo minuto
Apareció nuestro corazón
Sobre la tierra
Más fulgurante y más antiguo
Que el universo entero
Y sobre todo por qué el monarca
Señor del tiempo y las estrellas
Se cubre la nuca de arcilla
Y por qué toda su gente

Venera tanto el calzado
Que la pisotea
Pero el soberano
Tras de observar el cielo noche y día
Y recorrer todas las líneas
De la pampa terrena
Entendió finalmente
Que él también era una línea
Un hilo más del encaje divino
Y que era solo un monarca
De nada

SOBRE LA LUZ

A María, Eva, Marigola, Julio, Luciano,
Lorraine, Aliocha, Placido, amigos

La luz que solamente es luz
Cuando ilumina una cosa
No es la luz verdadera. La luz
Que pasa velozmente y no deja sombra
Que todo lo sostiene y lo anima
Es quizás la luz divina. Pero la luz
De que hablo es otra luz
Hundida en mi memoria como un anillo de oro
En la espesura. Es una luz que brilla
Muy rara vez en la vida
Que no tiene peso ni medida
Pero que convierte el corazón
En una estrella
Una luz que no se explica   que no
Se explica   que improvisamente aclara
Todo lo que existe
Como si fuera un espejo
Ante un vaso de agua pura
Un fulgor escondido
Un diamante que nos duele
Dulcemente y que nos nubla la mirada

Una suerte de esplendor vacío
Que solo se percibe como oscuridad
O ceguera. Una luz
Más clara que la misma luz
Del cielo   pero más humilde
Más cercana a nuestra mano
A nuestra pobre luz de cada día
Hecha de millares y millares
De cosas sencillas
De átomos que nacen
Y átomos que mueren
De centelleantes fragmentos
De otras cosas
Que igualmente nacen resplandecen
Y perecen

GARDALIS

A Michele, rey de Gardalis

Camino entre mi sombra
Y la sombra de los pinos. Mi cuerpo
Es un puñado de hierba a la deriva
Y el bosque azul que me rodea
Soy yo mismo que respiro. Ya no distingo
Entre el abeto y mi barba crecida. Camino
Y cada resplandor cada penumbra
Cada cereza esmaltada
Son una sola cosa con mi paladar
Y con mi sexo. Gotas brillantes aparecen
Entre mi pupila y los verdes frutos
Del naranjo. Surgen abanicos
De frescura y diamantes que no duran
Sino el tiempo de un suspiro
La mariposa nace alegremente
Donde el gusano muere   y nada crece
Sin haber sido antes otra criatura
Que tal vez soy yo   tal vez una ardilla
Que se afana en la espesura. Gritos y silbidos
Acompañan el esqueleto que hace poco
Era una gacela asustada
Y que ahora esplende en la corola

De una flor amarilla. Todo vuela
Todo canta o se arrastra sin remedio
Como el repentino sapo de oro
Que también es parte de mi vida
Llora la hiedra por un lado y por el otro
La fiesta de la alondra y la cigarra
Empieza en el fondo de mi sangre
Mi corazón sigue sin esfuerzo
La marcha misteriosa de una hormiga
Que no veo. No hay lucero
Que no brille en mi cabeza pero también
En un charco de agua sucia. Las viejas ramas
Del olivo se confunden fácilmente
Con mis huesos y no hay sabor más perfecto
Que el milagro encerrado
En una gota de agua
Todo es redondo y perfumado
Y hasta mi propio cuerpo es una jungla
Donde el amor es como la lluvia
Mi pensamiento una tortuga
Que apenas sostiene el cielo
En un pedestal de nada. Un efluvio sagrado
De jazmín y madreselva cruza la floresta
Como una esfera celeste
Todo me hiere y todo me ilumina
Yo soy la flecha que vuela
Y también el animal herido
Me desespero por una frágil criatura
Por un pájaro que muere pero me oculto
Tras de una máscara de flores

Solo comparto mi tristeza con los sauces
Mi alegría con la liebre
Que ahora corre a mi lado. No beberé jamás
La copa de rocío que amanece
Cada mañana entre el follaje
Ni el rayo de sol que tanto espero
En la palma de la mano. Pero abrazo
El viejo roble como si fuera mi hermano
(¡Qué lejos ya qué lejos
Las débiles casas de los hombres
Las infinitas ruedas del dolor
Y la fatiga   la oscura llamarada
Que todo lo llena de ceniza!)
Yo soy tan solo un árbol
Que camina   un animal que florece
Una piedra que sonríe
Y la humilde rana que canta junto al río
Canta también junto a mi pecho

Se inclina el sol en la floresta
Sube la luna   baja el ciervo al arroyo
Como a una cita secreta
Sigo sus huellas   su orina luminosa
Hasta su reino de alabastro
Pero en el fondo del agua
En lugar de su belleza
Lleno de felicidad y de pena
Veo solo mis ojos que lloran
Puesto que yo soy el ciervo
Pero también el arroyo

DEL ABSOLUTO AMOR
Y OTROS POEMAS SIN TÍTULO
(Milán, 2001-2004)

Del absoluto amor

Mi desesperación invade mi pecho y mi rostro quemado por el calor y la nieve. ¿Por qué no he de vagar por los campos, detrás del viento, con el manto en hilachas? Mi amigo adorado, mi hermano menor, aquel que cazaba el onagro y la pantera, que mató al Toro del Cielo y derrotó a Humbaba en la Floresta de Cedros, con quien tantos peligros corrimos, Enkidu, a quien tanto amaba, como un mortal cualquiera ha terminado. Siete días y siete noches lo he llorado, hasta que el gusano no me lo arrebató. Siete días y siete noches lo he llorado, hasta que el gusano no me lo arrebató.

«La epopeya de Gilgamesh». Poema sumerio
XXV siglo a. C.

Quedó la muerte aniquilada
y convertida en victoria.

MARCOS, VI, 3

La gente
Está llena de prisa
De cosméticos
De automóviles
De vestidos
Todos dicen
Que el pan con mantequilla
Jamás ha existido
Están seguros
Que su corazón
O su ombligo
No dependen de los astros
Que el amor
Es una enfermedad milenaria
Que ya ha sido curada
Pero siguen creyendo
En una ecuación celeste
Que no existe
Gente que no quiere
A la gente
Porque se viste de flores
O ni siquiera se viste
O viaja demasiado
De un país a otro

Y no tiene prisa
Ni comida
Ni camisa
Ni papeles
Sino piojos

Mas cuando Michele
Volvía a la casa
Y abría las ventanas
Todo regresaba a su lugar
Los duraznos y las uvas
A la mesa junto al pan
Al queso fresco y al vino
La casa era más vieja
Que la más vieja iglesia
Pero a su llegada
Todo parecía nuevo
¿Cómo olvidar su pie desnudo
Entre las hortalizas
El perejil o el tomate maduro?
¿Y la lluvia de almendras
Sobre su espalda dorada
Después del verano?
Él decía siempre
Que en cada lechuga o cebolla
Estaban su orina y su excremento
Y lo decía alegremente
Los llamaba fú-fú-fú
Y todos los animales festejaban
Repitiendo triunfalmente

¡Fú-fú-fú fú-fú-fú fú-fú-fú!
Michele amaba el vino
Las muchachas y la tierra
Mas su mejor amiga era el agua
Que le daba todo
Y no le pedía nada
Amaba también la espuma
Del Mediterráneo
Su arena blanca y salada
Y el centelleante tesoro
Del pescado escondido
En el agua celeste
Decía también que su sangre
Antes o después
Se volvería agua
Porque de agua somos
Y en agua
Nos convertiremos
Por eso
Cuando el goce era más puro
Jugando como un niño
En su playa de siempre
Él veía ya su futuro
Y no le daba miedo
Como decía su madre
Nada lo asustaba
Nada lo ensuciaba
Así cuando llegó
La sangre derramada
El algodón manchado

Las agujas las gazas
Las mascarillas verdes
Y las mascarillas blancas
Las sábanas sucias
Y las sábanas limpias
Las camas ocupadas
Y las camas vacías
Cuando llegó el momento
De la fiebre
La náusea
La defecación
La orina
Que ya no abonan nada
Michele el bueno
El amigo de todos
El compañero de juego
Estaba allí
Siempre en su lugar
En su huerta de siempre
Ayudando a los niños
Dando de comer a los viejos
Arrastrando su alegría
De cama en cama
Y así todos los días
En la habitación repleta
De herméticas ventanas
Que Michele abría siempre
Y todos los enfermos sonreían
Como si de pronto
El dolor no existiera

Como si morir
Fuera desde entonces
Abrir una ventana
Y dejar volar
Un pájaro invisible

Pero mientras tanto
La gente sigue viviendo
Todo es lustroso y costoso
El infierno es el pasado
El paraíso una pantalla
A nadie le importa
Si desaparece
La última manzana
Las informaciones
Ponen orden en las cosas
En el mercado
En el jardín
En la comida
En el coito
En la tos
Todo aumenta
Y todo disminuye
El pan ya no es el pan
La noche no es la noche
El cielo nadie lo mira
Y las cosas más sencillas
Como las escobas
Los platos
Los plumeros

Son lujos imposibles
Todo es cuestión de números
Se dice   el estudio de los astros
El cerebro   los helechos
Y otras formas de existencia
Revelan nuevos abismos
De cifras oscuras
Que gobiernan nuestra vida
No se salvan ni las nubes
Ni el tornasol encendido
Del colibrí que ignora
La gravedad terrestre
Y aletea en cada flor
Hasta alcanzar
Ese divino estado
En el que nadie piensa nada
Sino solamente
Existe
El culto de las esferas
Ha crecido tanto
Que todo lo demás
Carece de sentido
Y puesto que sufrir
Pertenece al pasado
Hay un floreciente mercado
De llantos y abrazos sinceros
Que las personas solas
Los desocupados y los viejos
Compran todos los días
A precios irrisorios

Rabia   celos y amargura
Llenan las avenidas
De horribles criaturas
Las calles rebosan de pastillas
Y cortinas amarillas
Hay aparatos que sonríen
Y aparatos que sollozan
Hay aparatos para todo
No hay semáforos ni coches
Peatones ni veredas
El tiempo ha desaparecido
Y en su lugar
Hay una Rosa
Que todo lo sabe
Su olor nauseabundo
Es el mismo de la Abuela
Cuando murió allá en Lima
Hace mucho tiempo
Entre cándidas flores
Y toda la familia
Vestida de negro
Su vida fue un destello
Decían ellos
Pero yo la recuerdo
Como una eternidad
Llena de trapos sucios
Que yo no comprendía
Y si los comprendía
Me iba a la cama llorando

Cuando Michele regaba su huerta
O pintaba sus formas gozosas
Que para él eran flores
Había siempre a su espalda
Un haz de mariposas
Y un burrito cansado
Que no lo perdían de vista
Y también los robles
Los castaños   los olivos
Marchaban a su lado
Como buenos hermanos
Michele bromeaba con ellos
Se ponía una flor amarilla
En la oreja
Y le sacaba la lengua
A un geranio o un conejo
Mientras levantaba el pie
Para no pisar una hormiga
O cualquier cosa que vive
Y que respira
He aquí la amistad
Pensaba yo
La verdadera amistad
El amor absoluto
Nosotros   por ejemplo
Teníamos todo
Sin tener nunca nada
Porque nada era nuestro
Festejábamos la vida
Haciendo nudos

De la noche a la mañana
Y ello nos bastaba
Y cuando alguna vez
Tuvimos hambre
Michele se llenaba de uvas
Nueces y aceitunas
Que brotaban de sus manos
O sea de su huerta
Que también era su cuerpo
Por eso
Cuando descubrió el perú
En pedacitos   con todo su esplendor
Enterrado y sus antiguos hijos
Todos en harapos
Cuando descubrió
Sus dorados templos
Joyas   vasijas y encajes
Copiados a la espuma
Del Pacífico infinito
Cuando saboreó
Sus inolvidables manjares
De pescado y cangrejos rosados
Que ellos no comían
Los ojos de Michele
Se humedecieron para siempre
Mas el perú enterrado
Era varios perúes
Y debajo de ellos
Otros todavía
Hasta encontrar murallas

Arcos   graderías
Pirámides de huesos
Cabezas cortadas
Brazos
Piernas
Ojos
Vísceras
Esqueletos convertidos
En suntuosas marionetas
Eternamente sentadas
En silenciosos aviones
De plumas
Magníficos señores
Crueles también ellos
Pero más radiantes
Más grandiosos
Más seguros de sus sueños
Más cercanos a los dioses

Así como la Rosa
La Abuela sabía todo
Recuerdo su boca
De muñeca enferma
Que dibujaba mi nombre
Sin decir nada
Para que un día viera
Con mis propios ojos
Lo que ella ya veía
Es decir
Una ciudad que muere

Y otra que amanece
Oblicuos caballeros
Damas amarillas
Y jóvenes rabiosos
Llovidos por doquier
Con los bolsillos llenos
De centellas
La Abuela decía
Que una sola vez
Encontró uno de ellos
Parecido a un Ángel
Extrañamente sentado
Delante de un burdel
Completamente cubierto
Por sus grandes alas
Quizás lloraba
O tal vez sangraba
Debajo de ellas
Decía la Abuela
Así era ella y por eso nadie
Jamás la comprendió
La Abuela vivió arrodillada
Por el abuelo muerto
Que no era ningún santo
Arrodillada
Por mi hermano Enrique
Tan cariñoso y tan rubio
Que se murió tan joven
Arrodillada
Por la tía Pía

Que nunca se casó
Y que por lo tanto
Dormía con un juguete
Perennemente rosado
Y aceitado
Y mientras esto recordaba
Para mejor olvidarlo
La luz de todos los días
Se había apagado
Convertida en una esfera
Perfectamente sellada
Por dentro y por fuera
¿O era el llanto de la Abuela
Volumen que se derrama
Sobre sí mismo apenas se escucha?
¿Se escucha?
¿Qué puede escuchar la oreja
O mirar el ojo
Si el vacío huele
El paladar observa?
Y hay muchos más sentidos
Entre las faldas de la Abuela
Desordenado cajón
Repleto de secretos
Llantos orines pomadas
Cartas y postales amarillas
Milenarios alfileres
Que todavía duelen
Y la enloquecen de ternura
Mas ella no pierde tiempo

Y por fin me lleva
A la cima de un volcán
Una montaña   una pirámide quizás
Subimos a tropezones
Nos asusta su dureza
Su inaudita majestad
Encontramos huesos   vasijas
Mazorcas de maíz
Aún encendidas
Seguimos subiendo
La Abuela me da la mano
La cima no debe estar lejos
Pero no se ve
Está cubierta de excrementos
Que deslumbran   según dicen
Subimos todavía
El vértice divino está ya cerca
Ahora lo vemos
Y es como despertar
A nuestros pies se extiende
Una región de cumbres alfombradas
Donde nacen los objetos
Que allí son todos de turquesa
Se originan las cifras
Y el número cero arde solitario
En el desierto atroz que lo separa
De nuestra inteligencia
El arco iris no existe todavía
No hay principios   leyes
Fuerzas ni ecuaciones

Altísimos cilindros resplandecen
Cuando alguien muere
O se enamora   y eso es todo
Se suceden planos   valles
Y abismos de seda
Brillantes superficies
De pelotas azules
Que millones de niños lanzaron
Al cielo gris de Lima
Y nunca más cayeron
No hay nada
Que se parezca al dolor
O a la sombra
Ni recuerdo alguno
Como pueden ser
El aroma del café
Un zapato usado
Una caricia en la mejilla
Puesto que nunca
Nada ha existido
No hay cristales ni espirales
Protones ni electrones
Masa ni energía
Tiempo ni materia

HAY UN SOLO ALBOROZO

Allí está el maestro
El hermano   el padre   el hijo
El amigo   el jardinero

El guerrero el artista
El incomparable compañero
En su huerta de siempre
Con todas sus flores
Sus hortalizas
Sus hexágonos felices
Que él pinta solo en el alba
Cada día el mismo
Cada día diferente
¿Era esto lo que la Abuela
Quería decirme
Sin poder decirlo nunca
Porque solamente
Podía verse?
Allí todo brilla sin reposo
Millares y millares de diamantes
Se aproximan y se alejan
A velocidades mayores
Que la música
Incandescentes anillos
Ocupan el lugar
Que antes ocupaba
El pensamiento
Y desaparecen de inmediato
En el preciso instante
En el que todavía
Nada ha comenzado
Pero también
Ya todo ha terminado

Mas ¿quién era la Abuela
Que hacía tanto tiempo
Había visto tendida
Entre cándidas flores
Y velas encendidas?
¿Quién era la Abuela
Que tanto había llorado
Por nosotros
Pero siempre segura
Del centavo de oro
Que le dio el abuelo?
¿Quizás por eso
No soportaba la luna
Ni las grandes casonas
Con las esquinas llenas
De menesterosos
Que solo querían
El centavo de oro?
Tan absurda era la Abuela
Que a veces me pregunto
¿Y si ella fuera solo
Un miserable juguete
De papel y tinta
Fabricado con la ayuda
De una máquina vetusta
Llamada español?
Mas el lacayo de la lengua
Es decir
Quien esto escribe
No tiene prisa alguna

Y un idioma más veloz
Hecho de rayos de luz
Registra cada instante
Y cada cosa de la Abuela
Desde su nacimiento
Su eterna diarrea
Su pupila ausente
Después de tanto llanto
Tanta inútil plegaria
Hasta llegar al fondo
De su falda arrugada
Donde se anida implacable
El ciego cromosoma
Que hizo de ella
Una muñeca enferma
Y solitaria
¿Y no era ella misma
Completamente desnuda
Cuando era joven y atrevida
La única Rosa
Que todo lo sabía?
Pero ¿qué sabía la Rosa
Que no fuera otra cosa
Que ofrecer su belleza?
¿Nada era entonces verdadero
Y el centavo de oro
Que le dio el abuelo
No era el sol que ella creía
Sino lágrimas y lágrimas
Toda la vida

Y hasta el mismo universo
Solo un luminoso
Infinito sollozo?

Como cada noche
Bajo el cielo estrellado
Michele me dice:
¿Quieres una copa de vino?
E improvisamente
Todo está en su sitio
Todo tiene peso forma
Olor y sabor
Michele trae el vino
Como si arrastrara un manto
De púrpura en la mano
Y brindamos a las nubes
A las ranas
A las piedras
Y a todos los gusanos
De la tierra
Sin olvidar los jazmines
Los duraznos ni las uvas
Entramos a la casa
Y no hay rincón mueble
Polilla ni cucaracha
Que no compartan con nosotros
El mismo milagro
¿Todo eso ha sido
Minuciosamente pensado
Solo para deleitarnos?

Una cosa es cierta
No solo la vida
Sino también la muerte
Es una fiesta
Y las estrellas
Como me enseñó la Abuela
No están lejos ni cerca
Son solamente estrellas
Y como tales brillan brillan brillan
Y desaparecen
Vuelven a brillar
Y desaparecen otra vez
Como todas las cosas
Como nosotros

Sin título

LA LUZ SE ESCRIBE CON L

Así como la luna o la leche
En cambio las tinieblas
Y el tintero   siempre llenos
Se escriben con t
Y nadie sabe por qué
Solo las palabras que empiezan
Con a   como amarillo   amor   animal
Viven en un jardín lujurioso
Desde el alba del lenguaje
También hay otras criaturas
Completamente azules y felices
Pero que no se escriben

HAY PERSONAS VESTIDAS DE OSCURO

Y personas de ojos azules
Personas obesas y personas
Felices. Hay personas que son
Hombres y otras que son mujeres
Hay personas calladas y personas
Rosadas   incluyendo las orquídeas
Y algunos pájaros ciegos
Que viven en el Amazonas. Hay otras
Personas que no son personas
Aunque tengan camisas de seda. Además
Hay moscas   arañas   lagartijas
Muy mal toleradas
Pero que también
Son personas

CUANTAS VECES EL ESPLENDOR

Llega a la puerta
Y nadie lo recibe. Podría ser
Un señor de corbata amarilla
Y chaleco arrugado. Podría ser
Un pordiosero que esconde un lucero
En el bolsillo. O más sencillamente
Un niño que llora
Porque ha perdido su pelota
En la alcantarilla. El esplendor
No es cosa que brilla
Sino que llega   llega   llega
Aunque nadie lo reciba

ME ENAMORO SIEMPRE DE UNA PERSONA

Que no se enamora de mí
También hay una persona
Que está enamorada de mí
Pero de la cual no me enamoro
Mucho más fácil es enamorarse
De una medusa   o perder la cabeza
Por un caimán. No sé por qué
Pero también los sapos
Me llenan de ternura. Me conmueve
Todo lo que es húmedo
O lo que parece imposible
Y es solamente azul. Me siento
Muy bien correspondido por los peces
Solo las personas
Son un problema

EL SECRETO ES NO SABER NADA

De nada ni siquiera
Del océano quizás algo
De su espuma pero no de sus corales
Nada se ha escrito
De las lágrimas por cierto
Ni sobre algunas criaturas
Que emanan luz
Cuando se mueren
En estos casos los libros
Son solo piedras. Nuestra sangre
Ignora todo de nosotros
Y nuestros huesos solo saben
Sostenernos

DESDE HACE MUCHO TIEMPO NO USO

Vestido alguno
Y mi único sombrero
Son las nubes. Mis amigos
Ven solo mis ojos
Y mi corazón que sonríe
Mis amantes mis labios
Y mis testículos de fuego
Mis enemigos
Mi esqueleto que tropieza
Todos los demás
No ven nada

ES EXTRAÑO MUY EXTRAÑO

Que el movimiento de los astros
No sea el mismo de los pies
O las pestañas. Que el cerebro
Ilumine todo según dicen
Mientras el corazón y los riñones
Se oscurecen. No hay rodilla
Que soporte el peso de una estrella
Y sin embargo
Nada turba el equilibrio
Entre la lágrima y la orina
El amargo café de cada día
Y la dulce hemoglobina

EL SEÑOR PÉREZ AMANECE   SE DESAYUNA

Velozmente   besa
A la señora Pérez   y parte velozmente
Al trabajo. Allí encuentra
Varios señores de saco y corbata
Como él   aunque algunos
Sin corbata   otros con corbata
Pero sin saco. Se saludan
Velozmente   discuten
Velozmente   se separan nuevamente
Y cuando menos lo esperan
Es ya hora de almorzar
Así todos los días
Y cuando menos lo esperan
Es ya hora
De morir

UNA MUJER DESNUDA BAJO LA LLUVIA INCESANTE

Sueña grandes iguanas
Animales solemnes
Que ahora son montañas. Sueña
Un hombre de barba negra
Lleno de piojos y polen amarillo
Y sueña a la vez otro hombre
De cabello corto y sonrisa esmaltada
Que la llene de espuma
Y jabón perfumado
Bajo la ducha incesante

APARECEN DISCOS   MILLONES

De discos
Perfectamente pensados
Para ser discos   solo discos
O quizás cilindros
De los que solo vemos
Los extremos. Concebidos
Con divina inteligencia
Y metales eternos
Sus brillantes maquinarias
Nos observan con esmero
Esperando ser un día
Esas mortales criaturas
Que somos nosotros

TODAS LAS MAÑANAS ME DESPIERTO

O creo despertarme
O no me despierto porque ya estoy
Despierto. O porque despertarse
No es abrir los ojos
O quizás estoy dormido y veo
Lo que despierto no veo. Un tren
Que pasa velozmente   por ejemplo
Lleno de gente dormida
Que solo se despierta
Cuando el tren se para
Así   cada mañana   aunque parezca
Mentira   solo me despierto
Cuando estoy dormido

LO QUE PASA ES QUE EN EL FONDO

De cada cosa
Hay una mariposa
Que jamás se posa. Su pasaje
Es un destello
Una rima que huye
Otra que regresa
Mas la mariposa es la misma
Y nada es más sencillo
Que adivinar su belleza
En cada instante
Y cada cosa
Que pasa

NO SOLO ME DUELE EL CORAZÓN   TAMBIÉN

Me duelen los riñones
El esófago   el páncreas
La punta de los pies   el esternón
El tobillo   el hígado
El peroné   el intestino. Me duelen
La espina dorsal   la mandíbula
La epidermis   las costillas
Y millares y millares
De células   hormonas   proteínas
Ácidos   sales   enzimas
Pero lo que más duele
Es el corazón

A LA ENTRADA DEL ENORME EDIFICIO

Hay una escalera
De extraño diseño   y encima de ella
Un elefante herido. Junto a él
Un esclavo enciende una estrella
Y le acerca una ensalada
Encima todavía
Hay otra escalera
Hecha solo de electrones
Que muy pronto   así parece
Llevarán al cielo triunfalmente
Al elefante

PARA VIVIR EN ESTE MUNDO

Hay que tener los ojos
Bien abiertos. Uno en la nuca
Otro en el pecho   dos en las palmas
De la mano   y para terminar
Dos en los pies. No es posible
Cerrar ninguno de ellos
Y ni siquiera parpadear
No se puede mirar las estrellas
Ni tampoco soñar. Sin embargo
Siempre existen extrañas criaturas
Que tienen solo dos ojos
En la cara   llenos de luz
Y de estrellas

EVA Y SILVANA AMANECEN

A mi lado
Una cerca de mi mano   la otra
Encima de una nube. Eva
Se despierta dormida
Mitad de seda
Mitad de nada
Silvana entra y sale de un espejo
Sin cristal alguno
Y mi felicidad es tanta
Que sin darme cuenta
Ambas se bañan desnudas
En mi pupila

VIVO PERENNEMENTE RODEADO DE CIERVOS

Tal vez
Porque nunca me olvido de ellos
O porque ellos no se olvidan
De mí. Veo los muebles de mi casa
Convertidos en ciervos
Y hasta las mismas nubes cabalgando
Con inmensos cuernos de ciervo
Esta noche   uno de ellos
Se ha acercado a mí
Y con sus grandes ojos dorados
Me ha mirado tiernamente
Como se mira a un hermano

NADAR ES NACER NUEVAMENTE

Y negando la muerte
Nadar desnudo entre la nada
Y el agua. Solo nadando
El nadador anuda su nariz
A sus pulmones y a sus pies
Para algún día morir
Caminando. Aunque
Solo nadando
Sin nada en qué pensar
Sino en nadar   el nadador
Vuelve a nacer

SI DE MORTAL MADERA SOMOS

Y no somos olmo ni manzano
Es porque mezclamos
Madera y mermelada
Hacemos todo con las manos
Y cuando la mariposa
Eternamente amarilla
Un día martes de lluvia
Nos muerde la mejilla
En Madrid   Lima o Manila
Sabemos de inmediato
Que la mermelada
Ha terminado

LAS TORTUGAS TIENEN RAZÓN

No hay automóvil que les pase
Encima y que les pidan perdón
Las tortugas son buena gente
Exigen solo respeto
Y bastante humedad
No tienen cuenta en el banco
Pero saben más que las mariposas
Sin tener que volar. Las tortugas
No evitan los automóviles
Porque son grandes y veloces
Sino porque son
Muy mal educados

DESDE NIÑO VIVO ENCERRADO EN UN PIANO

Bebo solo música y me alimento
De sonidos. Bach es una cascada
De plata en un bosque de madera
Me rodean acordes inauditos
Melodías de plumas blancas y negras
Acompañadas por tambores
De sangre escarlata. Pero es el ritmo
Con sus múltiples martillos
El que me quiebra las costillas
Y de vez en cuando
Saco la cabeza enloquecido
Por tanta belleza

CUANDO LA SEÑORA PÉREZ COMPRA

Una aguja   compra también
La aurora   naturalmente rosada
Luego compra el sombrero
Y el atardecer. Enseguida la cartera
La espuma marina   el peinado
El automóvil   las nubes   los zapatos
De taco alto. Compra también
La sonrisa   la dentadura
Y la noche estrellada
Lo que no puede comprar
Es la mirada

NADIE HABÍA ENTRADO NI SALIDO

De la habitación
Yo estaba contigo pero tú
No estabas conmigo
Al caer la noche devorabas
Un diamante   y yo
¡Qué tal idiota!
Esperaba tus labios
En la oscuridad. Improvisamente
Mi corazón tropezó con el tuyo
Tú te arrodillaste y besaste
Mi glande solitario
Como si fuera
Un diamante

LA GENTE SIGUE DICIENDO

Que me he vuelto loco
Porque no uso reloj
No tengo cita con nadie
No voy adelante ni atrás
No leo el periódico
No escucho la radio   no veo
La televisión   no tengo
Familia   computadora ni nevera
Me pongo el mismo saco cansado
El mismo zapato sin brillo
No me emborracho con nada
Sino solo mirando y mirando
Un lucero

ME DESPIERTO LLORANDO ME ARRODILLO

Y te llamo te llamo
Te llamo. Mas tú callas
Todavía. Tomo una pastilla
Doy a las llamas una silla
Vuelvo a llamarte a llamarte
Todavía. Tomo otra pastilla
Me lleno de llagas las rodillas
Sigo llorando. Me adormezco
Y sueño contigo. ¡Sueño tus cabellos
Allá arriba mientras millares
Y millares de estrellas
Acarician tu mejilla!
¡Oh maravilla!

SALGO A LA CALLE COMPRO

Un crisantemo
Y me lo llevo a la casa
Lo pongo en la bañera
Repleta de agua tibia
Mientras me desnudo y me afeito
Con extraña prisa
Y gran esmero. Por fin
Me hundo en la bañera
Y abrazo el crisantemo
Gritando como loco
Antes que se muera

NO HAY TUGURIO QUE NO TENGA TUBOS

Telarañas tabaco toxinas
Toallas tos tijeras
Televisores gritos tristeza
Trapos teléfonos excrementos
Más tristeza tarros de tripa
Podrida palabras escritas
Con sangre con semen con bilis
Y ni un solo abrazo
De nadie ni un solo trozo
De cielo cagado

VIVO EN UNA CASA COMPLETAMENTE VACÍA

De paredes altas y ventanas
Ciegas. De vez en cuando me visita
Mi madre   con su gran velo negro
Y su sortija. Me dice:
«Ya no eres un niño
Tienes que hacer algo en la vida»
Yo le robo una mirada
Un alfiler
Una caricia. Cuando se va
Me deja el rayo atroz
De su sortija
En lugar de su sonrisa

CUANDO LA SEÑORA PÉREZ DESCUBRIÓ

Que se había casado
Con un pájaro   no le dijo nada
A nadie   pero comenzó a comer
Alpiste   y a pesar de su gordura
Intentó volar como su esposo
Aunque sin resultado
Vio también las cosas de otra manera
Es decir   algunas con el ojo izquierdo
Y otras con el derecho
Hizo lo posible para tener siempre
El pico bien pintado
Y fue muy feliz de su nueva vida
Aunque nunca   jamás
Ni una sola vez
Puso un huevo

EL CEREBRO ES UNA JOYA

De infinitas perlas
Cada perla se refleja
En cada perla   y así
Todas las perlas dan origen
A la luz y al pensamiento
Mas enseguida las perlas
Se separan   y lo que era
Pensamiento se vuelve llanto
Lo que era luz   párpado
Todo el cerebro se vuelve nada
Para que aparezca temblorosa
La mirada

LOS OBJETOS DEJARON DE BRILLAR

Las sábanas blancas
Desaparecieron por la ventana
Del dormitorio. La mitad de la casa
Se volvió de plomo la otra
De algodón. Pero nadie
Ni siquiera el abuelo
Se dio cuenta que el tiempo
Había pasado
Y que su barba y sus arrugas
Eran las mías

MI CORAZÓN ES UN EXTRAÑO SEÑOR

Siempre vestido de fiesta
De chaleco rojo
Y sombrero de copa. Mi corazón
No habla inglés ni francés
Sino una lengua de seda
Que solo conocen
Los enamorados. Mi corazón
Es un señor muy atareado
Y aunque nunca esté de moda
Escucho siempre su opinión
Y su latido

CUANDO ERA MUCHACHO   NO SÉ POR QUÉ

Le ponía nombre a todo
Pablo era mi zapato derecho
Pedro el izquierdo
También llamaba Carmen
A la mesa del comedor   y Josefina
A un sofá destartalado
La luna era Clara
Alfredo el cielo estrellado
Mi corazón Chopin
Y mi sexo Jorgito
Todo lo demás
Tenía solo apellido

ME LEVANTO   ME LAVO LOS DIENTES

Defeco   tomo desayuno   me visto
Abro la puerta   voy a trabajar
El mundo está lleno de ruedas
El mundo está lleno de ruedas
Vuelvo a mi habitación   cierro
La puerta   devoro un sandwich
Tomo un vaso de agua   orino
Me desvisto   me acuesto
Sonrío nuevamente
El mundo está lleno de estrellas
El mundo está lleno de estrellas

TODO ES TAN SENCILLO QUE RESULTA

Incomprensible. La gente
Camina hacia adelante pero no sabe
Adónde va. Un vaso de agua
No es un vaso de agua
Sino un temible universo
Que amenaza el universo
Las cosas más sencillas
Como los caballos   los árboles
Los amigos   existen todavía
Pero están muy lejos
Y no hay manera de abrazar a nadie
Todo es tan difícil
Que me vienen ganas de llorar
Cosa que para mí
Es lo más sencillo

ARRASTRADO POR DIEZ MIL IMANES

Encendidos y sin hilos
Vivo felizmente
Mi santísimo minuto
Corro todo el día
En jeans y camisa sudada
Abrazando a mis hermanos
Hombres   plantas y animales
Y sabiendo también
Que el atardecer
Es el único manto que tengo
Y que además
Es de todos

TRABAJO DÍA Y NOCHE CON LAS MANOS

Los riñones   los ojos
Y los pies. Uso maderas amigas
Mármoles tiernos   metales
Que sonríen en mis manos
No respeto regla alguna
Salvo mi corazón y mis testículos
Y lo único que espero
Es ser querido
Por los sapos

NO ME GUSTAN LAS RATAS

Las corbatas los zapatos
Los claveles el frac
Los pájaros negros el esófago
Los mayordomos el fémur
El poder las cebollas
Los dedos de los pies
Los días lunes el teléfono
Las moscas la ropa sucia
La tristeza el wáter close
Los dentistas las banderas
La basura la basura la basura

CAMINANDO EN EL DESIERTO

Los pies escuchan
Cada grano de arena
Se avanza entre reflejos
De millares de espejos
De jardines que no existen
Y tambores que no se oyen
El pensamiento reina soberano
Mas la osamenta es verdadera
Se avanza y se avanza todavía
¿O es el desierto que se mueve?
Se pide clemencia a las nubes
Se implora una gota de agua
Una sola pero verdadera
Hasta que todo se acaba   y todo
Vuelve a comenzar

NO CONOCERÉ EL GUSANO NI LA TIERRA

Sobre mi calavera
Mis cenizas irán directamente
Al cielo así lo espero
Dejaré solo mis vestidos
En mis cuadros
Y en mis pobres libros
Mi corazón siempre asustado
No habrá ninguna ceremonia
Sino música y un minúsculo diamante
En el bolsillo para que no se queme todo
Mientras yo partiré
Vestido de payaso
Desbaratado pelele después del fuego
Pero tomando un vaso de vino
Con Michele

DESPUÉS DE MUCHO TIEMPO VUELVO

A mi casa de mar
Abro un viejo armario
Y una cascada de perlas
Inunda la habitación. Me aferro
A una mesa   una cama   una cortina
Pero las perlas
Atraviesan toda la casa
Y siguen rodando hasta la playa
Arrastrándome con ellas
Ya en el abismo azul
Me siento igual a ellas
Y como ellas
Por fin en casa

LLEGAN SERES QUERIDOS

Provenientes de Saturno
Son altos   rubios   elegantes
Como dioses. No nos parecemos en nada
Aunque desde hace siglos
La misma sangre
Corre en nuestras venas. Por fin
Nos abrazamos y lloramos
Como niños. Pero
El más extraño de todos
Soy siempre yo   con mi pelo negro
Mi pantalón arrugado
Mi corazón en el suelo
Mi cabeza en las nubes

MANEJO MI AUTOMÓVIL SUAVEMENTE

Voy entre edificios vacíos
Calles repletas de nada
Apresuradas criaturas
Sin cabellos ni semblante
Atravieso la tristeza
Con guantes de gamuza
Llego al borde de un abismo
Abrazo tiernamente mi timón
Termino en un estruendo
De sangre   llantas   vidrios
Llamas que llegan al cielo
Llamas que llegan al cielo
Llamas que llegan al cielo

EL TIEMPO QUE PASA AHORA

Por estas palabras
Pasa también por nuestros huesos
Como el agua entre las piedras
Nos arruga la cara y la camisa
Crea remansos en los ojos
Burbujas en el corazón
Y en la orina. Así el tiempo
Resbala sin remedio
Por nuestra calavera
Hasta volverse verso
Inexplicable sonrisa
Cascada de ceniza

OBSERVO TU ROSTRO A LA LUZ

De una lámpara
Y me deleito con tu espalda
Observo tu rodilla y me maravilla
El rubor de tu mejilla. No veo
Tu pie escondido en el zapato
Pero sí la pisada. Y cuando respiras
Es el mar que hierve en mis arterias
Solo cuando duermes   tu rostro
Resplandece enteramente
Todo lo demás desaparece
Y la lámpara se apaga

QUÉ MARAVILLA LAS ESTRELLAS

No me canso de mirarlas
Siempre tan altas
Siempre tan nuevas
Siempre tan viejas
Siempre tan puras
Siempre tan bellas
Y si me canso de mirarlas
Son siempre ellas
Que me miran
Y me miran

LOS VERDADEROS POETAS APARECEN

Sin que nadie se dé cuenta
No tienen nada en la cabeza
Escriben versos en el aire
Quieren a todos tiernamente
Sin que nadie los quiera
Son los únicos que lloran
Cuando afuera llueve
Y sin que nadie se dé cuenta
Desaparecen

ÍNDICE

Esta primera edición de
Poeta en Milán
se acabó de imprimir
el 28 de abril de 2024
en Madrid.